AF250483

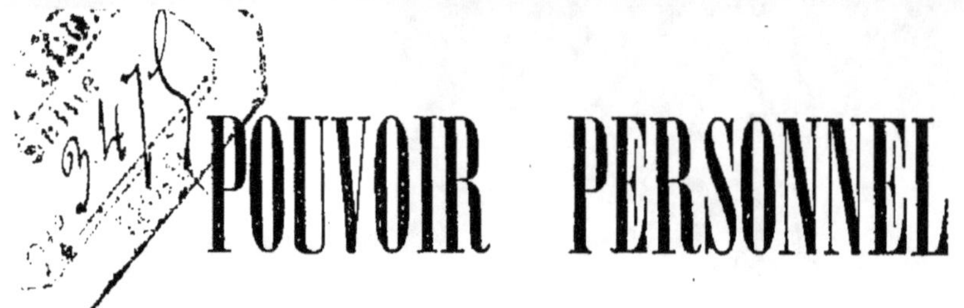

POUVOIR PERSONNEL

ET

SOUVERAINETÉ NATIONALE

APPEL AU PATRIOTISME

ET AU BON SENS DES ÉLECTEURS

PAR

Félix-Albert LEROY

RÉDACTEUR AU PHARE DE LA LOIRE

PARIS

E. LACHAUD, ÉDITEUR

4, PLACE DU THÉATRE-FRANÇAIS, 4

—

1869

POUVOIR PERSONNEL

ET

SOUVERAINETÉ NATIONALE

LE RÉVEIL

Un grand événement se prépare : quelques semaines à peine nous séparent des élections générales.

La France va être appelée à renouveler ses mandataires ; elle va pouvoir rentrer en possession d'elle-même, et fonder le gouvernement du pays par le pays.

Le voudra-t-elle ?

Telle est la question que se posent avec anxiété tous les amis du progrès et de la liberté ; telle est la préoccupation de tous les bons esprits qui voient dans la démocratie la seule forme possible des sociétés modernes, parce que seule elle a pour bases la justice et la raison.

Il ne s'agit pas ici, bien entendu, de la fausse démocratie dont nous jouissons depuis dix-sept ans, ni de cette démocratie dictatoriale rêvée par quelques utopistes, et qui, au fond, ne diffère pas beaucoup de la précédente, mais de la seule démocratie digne de ce nom, de celle qui assure la libre expansion de toutes les aptitudes et de toutes les facultés, de celle qui crée l'harmonie sociale par la diversité des forces mutuellement équilibrées, de celle enfin qui fait résider la souveraineté non dans un homme, mais dans la collection complète des individualités.

Faut-il le dire? Nous voyons approcher sans trop d'appréhension l'instant de cette solennelle épreuve.

Nous avons foi dans le patriotisme et l'intelligence des électeurs; nous avons foi dans cette rectitude de jugement, dans ce discernement sûr que conserve tout être pensant pour la défense de ses intérêts, lorsqu'il n'est point cuirassé d'indifférence ou aveuglé par des passions malsaines, — la peur et la haine.

L'indifférence, — voilà l'ennemi qu'il faut vaincre, voilà la plaie qu'il faut guérir, voilà le hideux cancer qui, durant quinze années, a rongé le meilleur de la France, et qu'il faut extirper jusqu'au dernier atome, sous peine de voir se perpétuer indéfiniment les beaux jours du pouvoir personnel.

Semblable à ces plantes parasites qui envahissent un jardin délaissé, en étouffant peu à peu toute séve et toute vie, et dont on ne peut avoir raison que par le fer et le feu, l'indifférence politique détruit tout ce qu'il y a de bon dans la nature humaine : elle dessèche le cœur, épaissit l'intelligence, efface la notion du bien et du mal, du juste et de l'injuste, et ramène des créatures raisonnables au-dessous de la brute.

Sous l'influence de cette force désagrégeante, l'homme perd de vue non-seulement l'intérêt social mais encore son intérêt personnel, qui se confond d'ailleurs avec l'autre, quoi qu'en disent certains esprits chagrins. Et c'est précisément pourquoi il tombe plus bas que la brute.

A défaut d'intelligence, l'animal possède du moins un guide infaillible pour distinguer ce qui lui est nuisible et réagir contre tout ce qui tend à l'amoindrissement ou à la destruction de son être : l'instinct de conservation ne l'abandonne jamais. Il y obéit irrésistiblement, fatalement, sans réflexion, mais cette condition même est la garantie de son existence et de sa durée.

L'homme a été mieux traité par le Créateur : il peut comparer, juger et se déterminer pour ceci ou cela, selon qu'il y trouve son avantage. Il a une lumière intérieure, — la raison, — qui lui montre les ornières du chemin et lui épargne les chutes dangereuses, à moins qu'il ne tienne essentiellement à tomber. Mais s'il l'obscurcit à plaisir, s'il y jette volontairement un voile, s'il ferme les yeux pour ne pas voir, que lui reste-t-il contre l'erreur et la perfidie ? Rien, absolument rien. Incapable de se diriger par lui-même, il devient la proie du premier malfaiteur qui passe, et se laisse conduire docilement au bord de l'abîme.

Nous avons vu les effets de l'indifférence politique. Sous ce rapport, les années écoulées depuis 1852 renferment un enseignement aussi complet que douloureux.

Prise de lassitude, affamée de repos, la société française s'endormit, après le 2 décembre, dans une torpeur voisine de la mort. Penser, cela fatigue, — et elle ne pensa plus. Boire, manger, s'amuser, voilà le but de la vie ! S'amuser surtout, c'est l'idéal ! Mais il y a des plaisirs délicats qui élèvent l'âme et font le charme de l'esprit. Arrière ! il s'agit bien de l'esprit !

Voici venir le règne de la chair ; voici venir les tableaux vivants, les exhibitions de jambes et de poitrines, la littérature de boudoir et de chambre à coucher ; voici venir une génération de turfistes impuissants à vingt ans, pourris à vingt-cinq, crétinisés pour toujours ! De l'argent ! il faut de l'argent !

On se précipite à la curée, on se rue sur cette proie, on marche vingt fois sur son honneur, on éclabousse sa conscience. Qu'importe! On a vidé jusqu'à la lie la coupe des plaisirs sensuels, on s'est bien amusé!

Nous n'exagérons rien, on voudra bien nous rendre cette justice : telle est la société de la seconde moitié de ce siècle. Certes, les institutions qui nous régissent ont une grande part de responsabilité dans cette démoralisation générale. Quand on est dépouillé de ses droits, on oublie aisément ses devoirs; quand la presse ne dit que ce qu'on veut bien lui laisser dire, quand la littérature dramatique rencontre les ciseaux de la censure et l'interdiction administrative, quand la commission du colportage refuse son estampille à toute œuvre indépendante et vigoureuse, il est assez naturel que le niveau intellectuel s'abaisse; il est assez compréhensible que nombre d'écrivains désertent les questions politiques et sociales pour raconter à leurs concitoyens les prouesses de telle fille à la mode ou leur décrire complaisamment les épaules d'une reine de salon. Car alors ils n'ont à redouter ni amende ni prison, à moins que les épaules de la dame ne se retranchent derrière le mur de la vie privée; mais l'expérience de tous les jours prouve que l'article Guilloutet n'a point été fait contre les chroniqueurs galants. Il n'atteint que les mal appris qui voient ce qui est, et qui disent ce qu'ils voient.

Après avoir constaté le mal, nous reconnaissons avec joie qu'il est entré dans une période décroissante. La France guérira, — nous en avons plus que l'espérance, — nous en avons la conviction; mais cela lui coûtera cher. Aux grands maux, les grands remèdes. Pour la tirer de son engourdissement, il a fallu l'expédition du Mexique, il a fallu l'agrandissement de la Prusse et la loi militaire qui en a été la conséquence, il a fallu la marée montante du budget et de la dette publique, il a fallu la perturbation jetée dans les affaires par une politique de contradiction. Ces chocs successifs ont galvanisé le cadavre; aujourd'hui réveillée, l'opinion publique s'affirme, et prétend désormais ne plus rester étrangère aux destinées nationales.

Le réveil est palpable, et les preuves en abondent.

On lit beaucoup plus qu'autrefois : le journal est devenu un besoin de premier ordre. On se presse en foule aux conférences, aux réunions publiques; on goûte de nouveau ce charme du bien-dire dont l'influence est si puissante sur l'esprit français; on applaudit les hommes qui, les premiers, ont fait entendre une voix indépendante dans le concert des flatteries commandées et des louanges payées.

La province participe à ce mouvement et le dépasse même à certains égards. Les feuilles libérales se multiplient dans les départements d'une manière étonnante; les conseils municipaux osent prendre

des mesures en vue d'assurer la sincérité des élections ; les candidats à la députation se présentent en
foule ; des journaux poursuivis pour délits politiques
sont acquittés ; un magistrat descend de son siége
plutòt que de céder à des inspirations supérieures :
signes des temps, indices certains de résurrection.

Avec l'indifférence, la peur et la haine réciproque
des classes sont les plus précieux auxiliaires de ceux
qui voudraient nous tenir éternellement en laisse
Aussi ne négligent-ils aucune occasion de jeter au
milieu de nous ces pommes de discorde. Des hommes
qui se disent conservateurs, parce qu'ils ont des
jambes pour ne point marcher et une conscience pour
ne point l'écouter, se sont imposé la mission, —
mission honorable, en vérité, — d'épouvanter les
classes moyennes en agitant devant leurs yeux le
spectre socialiste, le même qui réussit si bien en 48.

Ils reproduisent avec fracas, à plusieurs milliers
d'exemplaires, les théories professées dans les réunions publiques de la Redoute, du Vieux-Chêne, de
Belleville, etc. Bien entendu, ils ne communiquent à
leurs lecteurs que les motions insensées, et tiennent
habilement dans l'ombre tout ce qui a quelque appa-
rence de raison. Ils accompagnent ces comptes ren-
dus fantaisistes de phrases clichées sur les passions
démagogiques, sur l'éventualité d'une liquidation sociale et sur la nécessité d'un pouvoir fort pour tenir

en respect des hordes avides, prêtes à se ruer sur la société.

Un pouvoir fort : la conclusion est toujours la même. Nous savons ce que cela veut dire.

Malheureusement le spectre rouge a fait son temps ; il a perdu tout son prestige. Après vingt ans de séjour dans les magasins de la couronne, il est flétri, terni, décoloré ; il n'effraie plus les bourgeois. Le gros public apprécie à leur juste valeur les déclamations des officieux, il pénètre le secret de leur langage, il aperçoit la manœuvre, — manœuvre électorale, cela crève les yeux. — Il écoute et reste froid. Il ne commettra point une seconde fois la faute de se réfugier dans les bras du despotisme pour échapper à un danger imaginaire.

— Peu m'importe, se dit-il, que quelques cerveaux en délire prêchent contre le capital, la propriété, la famille et la société ! Après six mois de discussion, le capital est-il entamé ? La propriété est-elle sapée ? La famille menace-t-elle ruine ? La société s'en porte-t-elle plus mal ? Y a-t-il eu seulement à déplorer le moindre désordre de quelque importance ? Non, tout est resté calme. Qu'en faut-il conclure, sinon que ces démolisseurs s'agitent dans le vide, que leurs folies ne trouvent pas d'écho ? Résultat prévu. La liberté porte en elle-même son correctif ; elle est à elle-même son propre frein. A côté de la démence se dresse la raison, et quand toutes deux ont la pa-

role, la seconde l'emporte irrésistiblement sur la première. La vérité ne perd jamais ?ses droits. Qu'on laisse donc discourir les inventeurs de plans sociaux, qu'on les laisse s'épuiser dans une propagande impuissante, qu'on laisse le bon sens français faire la police, et ces écervelés disparaîtront comme les nuées que chasse le vent d'est après un jour d'orage.

Voilà ce que se disent les gens raisonnables, au grand désappointement des officieux, qui voudraient absolument faire passer les orateurs des clubs pour des hommes dangereux. Ils se sont tellement démenés qu'ils ont provoqué une circulaire du ministre de l'intérieur, enjoignant aux commissaires de police d'appliquer la loi des réunions publiques dans toute sa rigueur. Depuis lors, plusieurs réunions populaires ont été dissoutes. Ces mesures irritantes ont déjà produit les résultats qu'on en pouvait attendre : fermentation dans le voisinage des salles évacuées, arrestation et condamnation de quelques orateurs. Quelle aubaine pour les montreurs de spectres ! Les voilà qui embouchent leur trompette d'alarme, et qui sonnent en désespérés aux quatre coins de la France ! Le bon sens public leur répondra en s'amusant de leur figure grotesque.

Chose curieuse, ce sont précisément les mêmes hommes qui arguent de l'existence des partis politiques en France pour nous refuser la liberté, ce sont ceux-là qui s'efforcent de faire revivre des distinctions sociales de jour en jour moins accentuées, et de mettre en défiance l'une contre l'autre deux classes de citoyens que les chances de la fortune ont placés dans des situations diverses.

Pour conserver, ils divisent : c'est leur méthode à eux !

En y regardant de près, on ne doit point s'en étonner. Ce qu'ils entendent conserver, c'est l'arbitraire qui les fait vivre; ce que nous voulons conserver, nous, libéraux, c'est la force nationale, qui s'énerve dans les luttes intestines et devient incapable, à un moment donné, de résister aux coups de main du militarisme.

LE DEVOIR ÉLECTORAL

L'opinion se réveille, c'est évident. Est-ce à dire qu'il n'y ait plus rien à faire et que tout soit pour le mieux dans notre belle patrie? Loin de là.

Il faut entraîner les irrésolus, convaincre les endurcis, persuader ceux-ci, subjuguer ceux-là. Il faut seconder le mouvement sorti de la force des choses, l'aider à se propager dans toutes les directions. I faut lui déblayer toutes les voies, lui ouvrir toutes les portes, lui rallier tous les esprits. Il faut rappeler à chacun son devoir, faire comprendre à tous leurs intérêts.

Parlons un peu du devoir électoral.

Dans la société, tout droit conquis emporte un devoir correspondant : le devoir est la sanction du droit. En effet, qu'est-ce que manquer à son devoir, sinon attenter au droit d'autrui? Donc, aucun droit sans devoir.

En recevant le *droit* de suffrage, en acquérant la faculté d'intervenir, selon ses vues, dans les affaires du pays, en permettant que l'ensemble de nos institutions reposât sur ce principe, tout Français jouissant de la qualité d'électeur a nécessairement contracté le *devoir* :

1° D'user de ce droit ;

2° De travailler, dans la mesure de ses moyens, à son perfectionnement intellectuel et moral, afin d'érrer le moins possible dans l'exercice de ce droit;

3° De ne prendre conseil que de sa conscience quand l'heure est venue d'affirmer ce droit.

Hors de là, le suffrage universel n'est qu'erreur, mensonge et duperie.

C'est triste à dire, mais il y a en ce moment des hommes de quarante ans qui ne se doutent même pas du droit que la constitution leur confère, qui n'ont jamais tenu un bulletin de vote, qui ne savent pas comment l'on vote, et qui s'en font honneur et gloire. Ils sont restés toute leur vie en dehors du mouvement électoral. Ils ont bien entendu parler autour d'eux de Corps législatif, de députés, de votes, de suffrages, mais ils n'ont attaché aucun sens à ces mots bizarres, et n'ont point cherché à savoir ce qu'ils pouvaient signifier. Le souci des intérêts matériels les a absorbés à ce point qu'ils se sont momifiés dans leur emploi, leur commerce ou leur industrie.

Et il faut voir comme ils vous prennent en pitié, lorsque vous abordez devant eux une question politique ! Il faut voir ce regard dédaigneux et commisérateur à la fois dans lequel on lit clairement :

— Voilà un garçon qui ne fera jamais rien : il s'occupe de politique !

Pour eux, un homme qui s'intéresse aux affaires publiques ne saurait bien conduire les siennes propres ; il est condamné à végéter. Du moment qu'on veut savoir où l'on va, du moment qu'on examine la besogne des gouvernants, du moment qu'on veut être un homme libre, et non un mouton qui se laisse mener à l'abattoir sans protester, on est incapable de réussir en quoi que ce soit ; on fera des dupes, ou l'on traînera jusqu'à la fin de ses jours une existence misérable.

Lorsque ces gens-là mourront, ils auront sué, digéré et dormi, mais ils n'auront point vécu ; ils auront satisfait la bête, mais ils n'auront point agrandi leur intelligence ; ils auront été utiles à eux-mêmes, au point de vue pécuniaire, mais ils n'auront rien fait pour leurs semblables ; ils auront été comme s'ils n'étaient pas ; ils ne laisseront aucun vide, et leur disparition ne s'accusera que par un mieux-être général ; car les rouages superflus augmentent les résistances, amoindrissent la puissance et diminuent l'effet utile.

Ces gens-là se figurent volontiers qu'il suffit, pour être honnête, de n'avoir ni parjuré, ni volé, ni assassiné ; et il faut avouer que le délabrement de nos mœurs politiques, joint à l'affaissement des caractères, est bien fait pour les entretenir dans cette douce illusion. Ils font deux parts de leur individu, — l'homme privé et le citoyen, — et quand ils ont accompli toutes les obligations de l'homme privé, ils pensent, en bonne conscience, qu'on n'a plus rien à leur demander. Ils veulent bien recueillir tous les bénéfices de la société, mais ils n'acceptent aucun des devoirs qu'elle leur impose. Ils seraient plus que surpris, — ils seraient indignés, — si quelque ami rigide se détournait d'eux, sous prétexte qu'ils n'ont jamais fait acte de citoyen. Au reste, par ce temps d'indolence politique, ils n'ont point à redouter de pareils désagréments.

Il faut pourtant le leur dire, — la vérité parle sans voiles, — ils ne sont point honnêtes dans toute l'acception du mot. Quiconque pouvant empêcher une injustice se retranche dans son égoïsme, ne mérite point le titre d'honnête homme. C'est précisément le cas pour les individus qui ne se soucient en aucune façon des affaires publiques.

La raison en est simple.

Tous les hommes, sans distinction de couleur, de

race ou de nationalité, sont solidaires ; les fautes ou les crimes de l'un se répercutent par mille canaux divers sur tous les autres. Dans le cercle restreint de la patrie, cette grande loi de solidarité agit plus vivement, et les effets en sont plus visibles, parce qu'elle s'éparpille sur un moindre espace, et aussi parce qu'elle tombe sur des hommes fortement reliés par un langage, des coutumes et des institutions identiques.

Si donc, par le seul fait de mon intervention dans les affaires générales, je puis mettre un frein à l'arbitraire ; si je puis museler l'absolutisme ; si je puis empêcher qu'un seul de mes concitoyens soit spolié, meurtri ou incarcéré sans motif ; si je puis m'opposer au gaspillage de la fortune de tous, qui comprend la mienne propre ; si je puis conserver à mon pays des milliers de vies précieuses, trop souvent compromises sur les champs de bataille par le caprice ou l'impéritie des souverains ; si, pouvant tout cela, je reste immobile, je cause un dommage flagrant à la communauté entière, je commets le crime de *lèse-patrie*, et j'acquiers des droits incontestables au mépris de ceux que j'ai contribué à retenir dans la souffrance et l'humiliation.

Voilà ce que les indifférents ne se disent pas assez. Ils ne voient pas ou ne veulent pas voir que le vote à tous les degrés, — dans la commune, dans le département, dans la patrie, — leur confère cette puis-

3

sance formidable de tout obtenir et de tout empêcher.

Aussi sont-ils mal venus à se plaindre quand les actes du pouvoir se traduisent en conséquences désagréables pour eux-mêmes, quand leur commerce languit, comme en ce moment, par suite d'une politique aussi mystérieuse qu'indécise.

— Gardez donc vos doléances, peut-on leur répondre ; elles sont ridicules. En abdiquant votre part d'influence sur les affaires du pays, vous avez perdu le droit de gémir, lorsque le pouvoir vous froisse dans votre dignité, votre liberté ou vos intérêts. Ce qui vous arrive est dans l'ordre des choses ; vous récoltez ce que vous avez semé. Il vous a plu de sommeiller, alors qu'il fallait agir ; que sert de pleurnicher maintenant !

User de son droit en toutes circonstances, à moins que le candidat officiel n'ait point de concurrent, — car alors l'abstention est de rigueur pour tout esprit indépendant, — voilà donc le premier devoir de l'électeur. C'est en même temps son premier intérêt.

Nous insisterons peu sur le second, dont l'importance ne fait doute pour personne : Travailler sans cesse à son perfectionnement intellectuel et moral.

On voit tout de suite, en effet, que l'instruction est la base du suffrage universel. Il ne faut pas que l'électeur soit à la merci du premier sophiste venu ; il ne faut pas qu'il puisse se laisser abuser par des discours dont le vide se cache sous la pompe des pé-

riodes ; il ne faut pas qu'il soit dépourvu d'expérience politique, au point de retomber constamment dans les mêmes fautes ; il ne faut pas qu'il soit assez ignorant de ses droits pour se laisser intimider par les menaces d'un fonctionnaire en habit brodé ; autrement le suffrage universel devient une machine de despotisme, et quel despotisme ! le pire de tous ! celui qui s'entoure de légalité et qui se prévaut de l'assentiment général.

Quant à l'obligation de ne relever que de sa conscience dans le choix de son candidat, elle est sacrée et se refuse à toute démonstration. On sent ces choses-là, on ne les prouve pas. La démocratie ne peut se constituer fortement qu'à la condition de se fonder sur l'honnêteté générale. Que chacun fasse son devoir, et le drapeau de la liberté, plusieurs fois planté, puis arraché du sol de la France, s'y enfoncera si profondément qu'il deviendra impossible de l'ébranler (1).

---

(1) Pour tout ce qui concerne la pratique électorale, voir l'excellent *Guide pratique de l'électeur*, par Georges Coulon (Armand Le Chevalier, éditeur), et le *Manuel électoral* de MM. Clamageran, Dréo, Durier, Ferry, Floquet, Hérold (chez Pagnerre).

LE VOTE, INSTRUMENT LÉGAL DE RÉVOLUTION

On se méprend, en général, d'une manière fort grossière sur les tendances de l'Opposition et sur le rôle qu'elle joue dans la vie politique d'une nation. Aux yeux de bien des gens, tout opposant est révolutionnaire ; il ne peut avoir d'autre but que d'exciter le pays à renverser par la violence le gouvernement établi. Cette accusation pèse surtout sur les représentants de l'idée démocratique, qu'on s'est habitué à regarder, — nous ne savons trop pourquoi, — comme des agents de bouleversement et de désordre.

Or, il n'y a pas de vue plus fausse que celle-là, et nous n'aurons pas de peine à démontrer que les véritables révolutionnaires, ce sont les hommes qui s'affublent pompeusement du titre de conservateurs.

En vérité, toutes les notions de la logique sont interverties aujourd'hui ; le désarroi qui règne dans les choses a pénétré jusque dans les mots.

Voilà des hommes qui, placés en face d'un régime exceptionnel, s'y associent sans réserve et s'imaginent bénévolement que la nation s'en accommodera pendant des siècles ; qui consacrent tous leurs efforts à rendre définitif ce qui, par nature, est essentiellement temporaire ; qui se refusent à toute concession réclamée par l'opinion, et qui n'acceptent qu'en grondant les maigres réformes dues à l'initiative du souverain ; qui approuvent tous les écarts, toutes les bévues, toutes les folies du gouvernement, et qui lui ouvrent tous les tiroirs de la caisse publique : voilà les hommes qui s'intitulent conservateurs. Conservateurs d'intention peut-être, mais révolutionnaires de fait. Car, — nous le demandons à tout esprit sensé, — où peuvent conduire de pareils procédés, si ce n'est à l'irritation croissante des masses, à un amas de sourdes colères qui, un beau jour, font explosion et se dénouent par la chute d'un trône ?

Que fait l'Opposition ? Précisément le contraire de ces prétendus conservateurs.

Prenant en main la cause du droit et de la justice, elle s'efforce de satisfaire de légitimes aspirations en arrachant aux gouvernants leurs pouvoirs discrétionnaires ; elle travaille à remettre le pays dans la plénitude de sa liberté ; et surtout elle lui rappelle par son langage, par son attitude, par ses actes de chaque jour, qu'il possède un moyen infaillible de dompter toutes les résistances, sans cris, sans fureur, sans effusion de sang. Ce moyen, c'est le vote.

Oui, si chacun comprenait toute la puissance du suffrage universel, si chacun s'en servait avec intelligence, l'ère des révolutions serait à jamais fermée, ou du moins ces grandes protestations sociales perdraient le caractère violent qui les rend si douloureuses aux peuples forcés d'y recourir. La Révolution s'accomplirait sans chocs, sans secousses, sans tiraillements ; elle prendrait une allure pacifique, elle rentrerait dans la légalité, et cesserait d'être un objet d'épouvante pour la grande majorité des citoyens.

A quoi bon descendre dans la rue, à quoi bon remuer des pavés, à quoi bon faire le coup de feu, quand toutes les questions peuvent se résoudre par le vote? A quoi bon courir aux armes quand il suffit, pour obtenir satisfaction, d'envoyer à la Chambre des hommes indépendants, des hommes qui marchent du même pas que leur siècle, des hommes en communion parfaite d'esprit et de cœur avec l'opinion, cette reine du monde.

C'est la grandeur du suffrage universel de rendre inutiles ces prodigieux efforts des peuples, presque toujours suivis d'une triste rétrogradation.

Ah! nul plus que nous ne gémit sur les maux inséparables des révolutions! nul plus que nous ne compatit au deuil des familles, au naufrage des fortunes, à l'anéantissement momentané de l'activité sociale, au froissement de tant de respectables intérêts! Mais ce qui nous navre jusqu'au fond de l'âme, c'est de voir de si grands sacrifices frappés de stérilité, c'est de voir une nation soulevée pour revendiquer ses droits retomber presque aussitôt dans un asservissement moins tolérable encore que le précédent. L'histoire prouve que les choses se passent ordinairement ainsi, et point n'est besoin, pour s'en convaincre, de remonter bien haut dans la nôtre.

Quand nous songeons à cette fin malheureuse des révolutions, nous comprenons la crainte qu'elles inspirent à tant de bons citoyens; c'est pourquoi nous leur disons :

— Venez à nous; nous ne sommes point la violence, nous sommes la liberté, nous sommes le droit, nous sommes la justice; nous ne voulons rien bouleverser, nous voulons fonder l'édifice social sur les bases éternellement durables du vrai, du juste et du bien; nous tenons d'une main la pioche, et de l'autre la truelle; à mesure que nous renversons, nous bâtissons; à des constructions hâtives et fragiles, nous voulons substituer des monuments qui braveront les injures des siècles. On vous a trompés sur notre compte; on nous a dé-

peints comme des hommes avides de transforma-
tions brutales, comme des entrepreneurs de guer-
res civiles, comme des révolutionnaires dangereux.
Abaissez vos regards sur ceux qui tiennent ce langage : voilà les révolutionnaires, voilà les anarchis-
tes, voilà les hommes qui, par leur entêtement et
leur égoïsme, compromettent la cause de l'ordre,
appellent les catastrophes. Suivez-les, et vous ver-
rez où ils vous conduiront !

GUERRE AUX CANDIDATURES OFFICIELLES!

Ce n'est pas une des moindres étrangetés de ce temps-ci que la facilité avec laquelle on se laisse, en France, abuser par des mots. On lâche la proie pour l'ombre, le fond pour la forme, la réalité pour l'image. Notre régime politique fourmille d'exemples de cette nature.

Aux termes de la Constitution, le chef de l'État est responsable devant le peuple français. — Mais comment? — Mystère! profond mystère! La Constitution affirme la responsabilité du souverain : cela doit nous suffire. O puissance du mot!

Même observation en ce qui concerne le suffrage universel.

Le droit de suffrage est inscrit dans la Constitution pour tout Français réalisant certaines conditions d'âge et d'honorabilité. En principe, il est donc solennellement reconnu ; en fait, il n'existe pas.

Nous avons le mot, mais non la chose.

Comment cela se peut-il? Demandez-le au système des candidatures officielles.

On a combattu de cent façons les candidatures officielles ; on les a défendues avec non moins d'acharnement, sinon autant de succès ; mais entre tous les arguments présentés par les champions du système, il en est un qui nous a toujours paru le comble de l'absurde, et dont nous voulons dire quelques mots, parce qu'il n'a pas été suffisamment relevé.

Il appartient à la catégorie des arguments historiques, c'est-à-dire de ceux qu'on base sur certains précédents. Il consiste en ceci :

Le gouvernement de la Restauration a eu ses candidats officiels, le gouvernement de Juillet aussi, le gouvernement provisoire également ; l'Empire a donc le droit de continuer ces traditions, il n'agit pas autrement que ses devanciers.

Quand les théoriciens du pouvoir personnel vous ont lancé ce pavé, ils pensent vous avoir écrasé ; mais on ne s'en porte pas plus mal, et l'on s'empresse de leur répondre :

— Votre raisonnement est inepte. De ce qu'une chose s'est faite pendant trente ans, s'en suit-il qu'on doive la faire toujours ? Le progrès consiste, au contraire, à ne point suivre aveuglément les errements du passé. On ne connaissait que les diligences autrefois, fallait-il donc repousser les chemins de fer? On ne connaissait que les navires à voiles, fallait-il proscrire les bateaux à vapeurs? La pensée n'avait d'autres moyens de transmission que la poste et le télégraphe aérien, fallait-il étouffer le télégraphe électrique? Si plusieurs gouvernements ont pratiqué le système des candidatures officielles, ils ont eu tort, et nous n'aurions pas moins tort de les imiter; rentrons dans le droit strict.

Pour comprendre à quel point l'institution des candidatures officielles fausse le suffrage universel, il suffit d'apprécier exactement le rôle du chef de l'État.

Rien de plus facile. L'Empereur a lui-même proclamé hautement, en maintes circonstances, qu'il est l'élu de la nation. Il le répète même quotidiennement dans le journal officiel. Tous ses décrets commencent ainsi :

Napoléon, empereur des Français, par la grâce de Dieu *et la volonté nationale, etc.*

Le chef de l'État n'est donc point un maître qui s'est imposé par un coup de vigueur et qui ne reconnaît d'autre loi que la force. C'est un simple délégué, une sorte d'intendant inamovible nommé par la nation pour administrer les affaires générales; c'est le premier fonctionnaire de l'Empire.

De là découle une conséquence importante :

Le pouvoir exécutif, issu de la volonté nationale, a le devoir de lui obéir ; il ne doit point la diriger, encore moins la transgresser.

Or, comment se fixe la volonté nationale ?

Par la libre élection des députés au Corps législatif. Mais si le gouvernement, — soit préméditation, soit défaut de surveillance sur ses agents, soit par toute autre cause, — emploie contre le libre arbitre des électeurs les pouvoirs qui lui sont confiés ; s'il s'en sert pour introduire dans l'enceinte législative des éléments de son choix qui n'y devraient point figurer ; s'il s'arrange de telle sorte que ces éléments y prédominent, il fausse radicalement la représentation nationale, et, tout en paraissant obéir à la volonté du peuple, il ne consulte en réalité que son bon plaisir, à lui, gouvernement.

Voilà où nous en sommes.

Le député officiel est donc la négation du droit de suffrage, puisqu'il est nommé, non par la nation votant en toute liberté, mais par des électeurs subissant l'influence toute-puissante du gouvernement, — nous allions dire par le gouvernement, caché derrière les électeurs ; il passe à l'état de fonctionnaire, ni plus ni moins. Ce qui n'empêche pas les ministres de venir affirmer à tout propos que nous possédons le suffrage universel, et que la France tient dans ses mains les fils de ses destinées. On n'est pas plus gravement enjoué !

Il est presque puéril d'insister sur les procédés mis en œuvre par le gouvernement pour assurer le triomphe de ses candidats. Ils sont aujourd'hui connus de tout le monde ; ils sont dénoncés et discutés chaque jour par la presse indépendante. Nous ne pouvons cependant nous dispenser d'en parler ; mais nous n'en donnerons qu'un rapide aperçu, car ils sont aussi nombreux que variés, et la fertile imagination des préfets en grossit tous les ans la collection.

Dans chaque département, la campagne électorale est conduite par le préfet, lequel est secondé par les sous-préfets, qui à leur tour sont appuyés par les maires, auxquels prêtent leur concours les instituteurs, les percepteurs, les commissaires de police, les juges de paix, les gendarmes, les gardes champêtres, les pompiers, les facteurs ruraux, les cantonniers et bien d'autres personnages qu'il serait trop long d'énumérer.

Ah ! la centralisation administrative est une bien belle chose !

Préfet et sous-préfets payent bravement de leur personne. Ils lancent des circulaires, ils s'agitent, ils font des tournées, ils promènent leur protégé, ils présentent aux populations l'oint du gouvernement, ils mettent savamment en relief ses grandes qualités, ils donnent à entendre qu'il a le bras long et qu'il saura reconnaître la confiance des électeurs par des bienfaits de toutes sortes.

« Construction d'une route, réparation d'un chemin vicinal, pavage d'une rue, établissement d'un pont, d'une passerelle, construction d'une nouvelle église, réparation du clocher, don de fonts baptismaux, ouverture d'une halle, d'un marché, d'un lavoir, création d'une fontaine, embellissements à la justice de paix, à la mairie, à l'école des garçons, à l'école des filles, à la salle d'asile, libre paissance, coupe de bois, partage des communaux, diminution ou remise des prestations..., les mains de l'autorité administrative sont pleines de toutes ces richesses. Elle n'a qu'à les ouvrir pour faire tomber comme une pluie d'or sur les populations ébahies.

« L'administration, la veille de l'élection, se souvient qu'il y a des indigents et des infirmes. M. le préfet parcourt les communes et distribue, en même temps que les secours, de gracieux sourires et de coquettes paroles. Il est prévenant et attentif. Ce qu'il offre, c'est la moindre chose, mais c'est charmant. Un four pour les ménagères, une cloche pour M. le curé, un sabre d'honneur pour MM. les pompiers (1). »

----

(1) *Guide pratique de l'électeur*, par Georges Coulon.

Patronner le candidat officiel, c'est bien, mais cela ne suffit pas; il faut encore entraver ses concurrents.

A cet effet, on exerce une savante pression sur tous les citoyens qui dépendent de l'administration. On leur fait comprendre que, s'ils votent mal, la bienveillance de l'autorité leur sera retirée. C'est ainsi qu'on convertit en dociles instruments du pouvoir, non-seulement les instituteurs, juges de paix et consorts, mais encore les aubergistes, les cabaretiers, les débitants de tabacs et tous les fournisseurs de l'administration.

On voit des maires protester contre les prétentions du préfet et refuser d'obéir à ses injonctions : ils sont révoqués sans miséricorde.

Faut-il parler des obstacles apportés à la diffusion et à l'affichage des circulaires indépendantes, aussi bien qu'à la libre distribution des bulletins de vote? Faut-il mentionner les menaces d'arrestation proférées par des gendarmes trop zélés contre les propagateurs de toute candidature désagréable? Faut-il signaler ces surprises à la religion des électeurs, qu'en jargon électoral on appelle des coups de théâtre, et que les préfets à poigne réservent pour la veille du scrutin, afin d'ôter au candidat attaqué toute possibilité d'un retour offensif?

Un autre artifice très-usité, — artifice parfaitement légal d'ailleurs, — c'est celui qui consiste à découper les grandes villes en petites tranches, rattachées chacune à une vaste étendue de campagnes, avec lesquelles elles composent une circonscription électorale. Le but de cette opération est de répartir la foule des électeurs urbains, — qui ont, en général, la réputation de mal voter, — dans un certain nombre de circonscriptions, où ils se trouvent en présence d'une écrasante majorité d'électeurs ruraux. De cette façon, une ville qui, dans l'état naturel des choses, eût certainement nommé un ou deux députés indépendants, se trouve complétement privée de représentant, et le Corps législatif compte un ou deux députés officiels de plus. N'est-ce pas fort ingénieux ?

Ce qu'il y a de piquant dans tout ceci, c'est que nous tous qui protestons contre les candidatures officielles, nous contribuons de nos deniers à leur réussite. Pour nous servir d'une expression vulgaire, mais énergique, nous donnons au gouvernement des verges pour nous fouetter.

Personne n'ignore, en effet, que pour poser et soutenir une candidature dans les départements, il faut s'astreindre à des dépenses très-considérables, à tel point qu'il n'y a possibilité de se mettre sur les rangs qu'à la condition de posséder une certaine fortune ou d'être soutenu par une caisse spéciale, née de l'initiative d'un certain nombre d'électeurs. Eh bien ! tandis que les candidats indépendants ou leurs adeptes supportent seuls ces frais, — et c'est justice, — les candidats officiels ne sortent pas un centime de leur bourse. La préfecture se charge de tout. Mais d'où la préfecture tire-t-elle ses ressources? — Du Trésor public. — Et qui alimente le Trésor public? — Les contribuables. — Donc nous payons pour pousser à la Chambre les candidats officiels. On a beau s'attendre à tout, on est toujours désagréablement surpris lorsqu'on fait de pareilles découvertes.

Les députés officiels donnent tous les jours la mesure de leur impuissance. Ils se portent à eux-mêmes les coups les plus rudes, et nous ne savons rien de plus édifiant, à cet égard, que leur attitude pendant la discussion récente du projet de loi relatif au traité de la Ville de Paris avec le Crédit foncier.

M. Peyrusse dépose un amendement tendant à rejeter ce traité et à y substituer l'emprunt direct. Après de vifs débats, la proposition de l'honorable député est repoussée; mais elle rallie 97 voix.

Cette imposante minorité donne à réfléchir au gouvernement, qui conçoit de vives inquiétudes sur le sort de son projet de loi. Survient M. Rouher qui dit aux récalcitrants :

« Si vous ne votez pas le projet de loi, je donne ma démission. »

Le lendemain, l'article 1er est voté par 170 voix

contre 69 ; 28 opposants de la veille, tous membres de la droite, ont fait défection.

Quelques jours plus tard, l'ensemble du projet de loi est adopté par 185 voix contre 46. Nouvelle défection de 23 honorables de la droite, les uns s'abstenant, les autres approuvant ce qu'ils avaient d'abord repoussé. En tout, 51 voix ramenées au bercail gouvernemental.

Ainsi voilà 51 conservateurs, — nous leur laissons cette appellation pour nous conformer à l'usage, — qui, du jour au lendemain, changent d'avis sur une question de la plus haute importance, uniquement parce qu'un ministre est venu leur dire :

« Si vous persistez dans votre manière de voir, je me retire des affaires. »

Une telle conduite peut se passer de commentaires.

Nous voudrions bien savoir ce que ces messieurs répondront à leurs commettants, quand ceux-ci leur demanderont compte de cette étrange volte-face.

Ce ne sont donc pas seulement les principes, ce sont aussi les faits qui condamnent les candidatures officielles, et s'il est vrai qu'on juge l'arbre à ses fruits, celui-ci doit être livré sans délai à la hache du bûcheron.

Mais les partisans du système ne l'entendent pas ainsi, et pour terrasser leurs adversaires, ils ont inventé le petit raisonnement que voici :

— L'Opposition a ses candidats préférés, pourquoi n'aurions-nous pas les nôtres? L'Opposition patronne ses candidats auprès du public, pourquoi ne ferions-nous pas valoir les nôtres? L'Opposition serre les rangs et marche comme un seul homme au scrutin, pourquoi n'agirions-nous pas de même? L'Opposition se concerte pour livrer bataille, pourquoi serions-nous moins adroits ou plus timides ? La candidature officielle s'explique donc tout naturellement ; elle est le contre-poids nécessaire de l'Opposition.

Nous ne saurions souscrire à cette théorie.

Ce que nous pourrions admettre, c'est que le gouvernement dît aux électeurs :

« Il me serait agréable de voir monsieur *un tel* siéger dans l'enceinte législative. »

En d'autres termes :

« Prouvez, en votant selon mon désir, que vous avez confiance en moi, et que vous me laissez libre d'agir à ma guise. »

Mais ce que nous trouvons moins naturel, c'est qu'il mette au service dudit candidat toute une armée de fonctionnaires, uniquement occupés à entraver, par tous les moyens dont ils disposent, les candidats rivaux. Car alors la lutte n'est plus égale, et l'administration remporte un facile triomphe dans les localités qui, restant étrangères au mouvement de de la politique, subissent forcément son influence.

Nous ajouterons qu'il n'y a point de parallèle possible entre l'Opposition et le gouvernement, et nous dirons à celui-ci :

— C'est vous qu'il s'agit de discuter : vous ne pouvez donc entrer dans le débat ; c'est affaire à régler entre vos partisans et vos détracteurs. Vous ne pouvez être à la fois juge et partie : c'est pourtant là ce que vous réalisez quand vous vous faites contrôler par des hommes qui vous doivent leur nomination. Une telle prétention est aussi étrange qu'injustifiable. Votre devoir, c'est de rester spectateur impassible de la lutte électorale. De cette façon seulement nous obtiendrons une Chambre qui représente aussi exactement que possible les vœux et les aspirations du pays, — étant donnée l'organisation actuelle du suffrage universel. Si vous avez des partisans, s'il y a des gens en France qui bénissent votre administration, ils sauront bien se montrer ; on les comptera, et l'on verra quelle dose d'approbation emporte votre système gouvernemental. Est-ce que vous ne voudriez pas que l'opinion fût éclairée à cet égard ? Nous ne vous ferons pas l'injure de le croire.

Donc, sus aux candidatures officielles ! La candidature officielle, c'est la redoute du pouvoir personnel ; c'est là qu'il se retranche, comme dans un fort, pour perpétuer son empire et résister au souffle nouveau qui vivifie les populations. C'est là qu'il faut le frapper, sans trève ni merci, avec toute l'énergie que donne la conscience du droit méconnu, sous peine de voir la liberté indéfiniment ajournée. Légalement, pacifiquement, il n'y a pas d'autre moyen de faire un pas en avant : sachons l'employer.

Pour réussir dans cette œuvre, il suffit de VOULOIR, mais de vouloir avec persistance. Il suffit que chaque électeur se dise :

—Je repousse le candidat officiel, par cela seul qu'il est officiel, par cela seul qu'il est l'homme du préfet, du maire et du garde champêtre. Je ne veux même point lire sa profession de foi, peser ses paroles, examiner ses promesses, fouiller son passé, scruter sa vie politique, s'il en a une. Du moment qu'il est patronné par l'administration, je le repousse. Je le repousse, parce que ce sera un incorrigible satisfait. Ce n'est point là ce qu'il me faut. Ce que je veux, c'est un contrôleur ferme, actif, indépendant ; ce que je veux, c'est un frein, non un accroissement de force. Retire-toi donc, candidat officiel, je ne puis voter pour toi.

Si chaque électeur parlait ainsi, il y aurait encore de beaux jours pour la France.

Un dernier mot.

La démocratie est soupçonneuse, dit-on : c'est sa faiblesse, mais c'est aussi sa force.

C'est une cause de faiblesse, si les représentants de la nation, animés d'un étroit esprit d'hostilité vis-à-vis du gouvernement, entravent son action par des chicanes puériles ou mesquines. C'est une cause de vigueur, si le pouvoir législatif exerce largement, mais exactement et consciencieusement, son droit de contrôle sur l'administration des affaires générales.

Un commerçant soigneux et homme d'ordre fait tous les jours sa caisse, quelle que soit sa confiance dans celui qui en tient les clefs. Les nations doivent agir de même; elles ne sont bien gouvernées qu'à cette condition. Il n'y a pas pour elles de principe plus dangereux que celui de la confiance. Il faut toujours supposer que les gouvernants abuseront de leurs pouvoirs; il faut donc sans cesse les surveiller. Y renoncer un seul instant, ce serait s'exposer à tout compromettre.

On nous accusera peut-être de misanthropie; mais, après tout ce que nous avons vu depuis vingt ans, nous avons bien le droit de nous montrer sceptique. Nous serions impardonnable si nos malheurs politiques ne nous avaient rien appris, si nous n'en avions retiré aucun enseignement, si l'expérience, — cette triste fleur qui pousse sur des ruines, — était restée hors de nos regards et de notre portée.

L'UNION LIBÉRALE

Un principe qui promet beaucoup pour l'avenir des élections prochaines prévaut en ce moment dans la presse indépendante : celui de l'entente entre toutes les nuances de l'opposition libérale au second tour de scrutin.

Ce principe est vivement combattu par les journaux officieux : preuve certaine qu'il est bon.

Quelques feuilles soi-disant libérales le battent également en brèche, dans un but facile à comprendre. Mais ce qu'on ne peut expliquer que par une absence regrettable de sens politique, c'est que des hommes, dont la foi démocratique ne fait doute pour personne, aient cru devoir lui déclarer une guerre à outrance.

Creusons donc la question, et voyons de quel côté est le bon sens.

Il ne s'agit pas d'aligner des tirades déclamatoires, des phrases creuses et des mots ronflants ; il ne s'agit pas de nous parler de compromis honteux, de mariage hors nature, d'accouplement incestueux ; il ne s'agit pas de se cantonner dans ses principes, de se raidir dans ses convictions ; il s'agit de voir les résultats de l'union et ceux de la division.

Que voulons-nous ?

Fonder le gouvernement du pays par le pays.

Quel est l'obstacle à la réalisation de ce programme ?

Le candidat officiel.

Il faut donc empêcher le triomphe du candidat officiel. Cette considération prime toutes les autres ; elle domine toute la question.

Si nous restons divisés, toucherons-nous le but ? Parviendrons-nous à contre-balancer l'écrasante pression administrative, mise au service des candidatures officielles ?

Évidemment non.

A cela, quelques-uns répondent :

— Si nous ne réussissons pas aujourd'hui, nous réussirons plus tard. Avec le temps, nos principes se propageront, et nous finirons par rester maîtres du terrain.

La réplique est facile :

— La France ne peut se prêter à une expérience

de ce genre. Il faut qu'elle se débarrasse, dans le plus bref délai, des députés officiels. Les circonstances sont pressantes, la situation est impérieuse. Si nous n'associons immédiatement nos efforts, nous aurons contracté un nouveau bail de six ans avec le pouvoir personnel. Où cela nous mènerait-il? Nous craignons de l'entrevoir.

L'union est donc indispensable. Nous l'avouons sans difficulté, c'est un expédient ; mais c'est un expédient nécessaire.

Remarquons d'ailleurs que les partis, en entrant dans l'association, gardent une entière liberté d'allures. Ils ne font pas litière de leurs principes ; ils n'abandonnent aucune de leurs bases essentielles. Ils produisent chacun leur candidat, comme s'ils agissaient isolément, et s'efforcent de lui assurer la prééminence sur tous les autres. Ce n'est qu'au second tour de scrutin, — si le premier n'a rien décidé, — que l'entente commence. Elle ne se fait pas *en faveur* de quelqu'un, mais *contre* quelqu'un ; elle n'a pas pour but de porter à la Chambre tel ou tel candidat indépendant, mais seulement d'en défendre l'accès au candidat officiel. C'est là ce qui l'explique et la justifie.

Après cet exposé, il ne nous semble pas qu'on puisse conserver des doutes sur la nécessité et l'utilité de l'union libérale,

Il nous reste à fournir quelques explications sur le mécanisme de cette combinaison.

Rappelons d'abord qu'il faut, pour être élu au premier tour de scrutin, réunir plus de la moitié des suffrages, c'est-à-dire ce qu'on appelle la majorité absolue, et le vote du quart au moins des électeurs inscrits. Si ces conditions ne sont pas remplies, il y a lieu de procéder à un second tour de scrutin, et l'élection se fait cette fois à la simple majorité des suffrages.

Supposons donc que trois candidats se présentent devant un collége électoral composé de 12,000 votants. A est soutenu par la préfecture, B est libéral modéré, C est franchement radical.

Au premier tour, A réunit 5,000 voix, B 4,000, et C 3,000. La majorité absolue n'étant atteinte par personne, il faut procéder à un nouveau scrutin.

Il est clair que si chaque électeur continue à voter de la même façon, le candidat officiel triomphera, puisqu'il avait la majorité relative au premier tour, et qu'il l'aura conservée au second. Il est donc nécessaire que les électeurs libéraux se concertent.

Des deux candidats indépendants, c'est B qui a obtenu le plus de voix; C doit donc se désister en sa faveur, et les 3,000 suffrages qu'il a recueillis doivent se reporter sur B. Celui-ci réunira alors 7,000 voix, et le candidat préfectoral sera évincé.

C'est simple, c'est limpide, c'est infaillible.

Il pourrait arriver que C ne consentît pas à se retirer de la lutte, et qu'il se posât en rival de B. Les électeurs n'ont pas à se préoccuper de cette attitude ; leur intérêt est d'abandonner C pour soutenir B.

Si cette méthode était partout appliquée rigoureusement, le pouvoir personnel aurait vécu, ou du moins il serait bien malade.

DERNIER APPEL

Nous voici parvenu au bout de notre tâche.

Nous avons voulu réveiller dans les âmes le senti-
ment du devoir civique; nous avons voulu y ressus
citer l'amour du droit et de la justice; nous avons
voulu prouver que le suffrage universel, dans l'état
actuel des choses, ne donne rien de ce qu'il promet,
et en même temps montrer quel admirable instru-
ment de progrès ce pourrait être, si l'on savait bien
le comprendre et l'appliquer; nous avons voulu enfin
indiquer le moyen pratique d'échapper aux étreintes
du pouvoir personnel.

Y avons-nous réussi? Le lecteur seul pourrait
nous le dire. Qu'il nous permette encore quelques
mots.

Nous n'entendons point dresser le bilan du pouvoir personnel ; nous n'avons pas l'intention d'énumérer ses fautes. Sous ce rapport, chacun sait à quoi s'en tenir. Mais nous considérons comme un devoir de fixer l'attention des électeurs sur la situation matérielle de la France.

Vit-on jamais spectacle plus lamentable ? Le commerce et l'industrie ont-ils jamais souffert à ce point, même au moment des crises les plus graves ? Et nous ne parlons pas seulement de la grande industrie départementale, qui rejette à tort tous ses déboires sur notre régime économique. Non, le malaise est général ; il s'étend à tous, petits et grands. C'est une lèpre qui va sans cesse gagnant du terrain.

Voilà ce qu'a produit la concentration des pouvoirs dans une seule main. La politique de l'Empire est une énigme dont le chef de l'État est le sphynx. Chacun s'efforce de la deviner, sans y réussir : de là l'incertitude, la timidité, la crainte, l'enfouissement des capitaux et la paralysie des affaires.

Les événements se chargent donc de démontrer que la liberté politique est l'indispensable garantie de la prospérité matérielle ; prétendre avoir l'une sans l'autre, c'est poursuivre une chimère. Ceci soit dit pour les égoïstes qui sacrifient à leurs propres intérêts le bien-être et la dignité de tous.

Il y aurait un remède au mal que nous signalons ; mais nous nous garderons bien de l'indiquer. On pourrait nous accuser de déshabiller la Constitution

pour y découvrir des vices naturels, ce qui consti-
tuerait un outrage public à la pudeur de cette noble
dame et une atteinte aux prérogatives du Sénat. Le
pacte fondamental étant indiscutable, quoique per-
fectible, — contradiction, voilà de tes coups ! — nous
sommes contraints de nous incliner et d'enterrer
nos réflexions au plus profond de notre être. L'intelligence du lecteur y suppléera.

Tout ce que nous pouvons dire, c'est que la situation perdrait beaucoup de sa gravité si une Chambre indépendante se dressait en face du gouvernement. Nous engageons donc de nouveau les électeurs
à mystifier les candidats officiels ; il y va de leurs
intérêts les plus chers.

En terminant, nous ferons appel à leurs plus no-
bles sentiments ; nous ramènerons leur attention sur
cette grande loi de solidarité qui enveloppe, dans une
commune destinée, tous les enfants d'une même
patrie ; nous leur demanderons s'il est vrai qu'ils
consentent à assumer sur leur tête cette terrible responsabilité des maux qui affligent leurs frères ; nous
parlerons à leur cœur autant qu'à leur conscience ;
nous évoquerons leur patriotisme

Paris, imprimerie Paul Dupont, rue Jean-Jacques-Rousseau, 41 (1598-5-9).

www.ingramcontent.com/pod-product-compliance
Lightning Source LLC
Chambersburg PA
CBHW061335060726

47596CB00003B/1257